Maurice Cayzac

Je suis le Mat

Maurice Cayzac

Je suis le Mat

Poèmes hors des sentiers battus

Éditions Muse

Imprint

Cover image: www.ingimage.com

Publisher:
Éditions Muse
is a trademark of
Dodo Books Indian Ocean Ltd. and OmniScriptum S.R.L publishing group

120 High Road, East Finchley, London, N2 9ED, United Kingdom
Str. Armeneasca 28/1, office 1, Chisinau MD-2012, Republic of Moldova, Europe
Printed at: see last page
ISBN: 978-620-4-96551-2

Maurice Cayzac

Je suis le Mat

Poèmes

Avertissement

Pour moi, avec ou sans rimes, poésie rime avec liberté.
Comme le Mat du Tarot, je m'engage dans des chemins peu fréquentés et par là même les plus risqués.
Toujours pour moi, il n'y a pas une, mais des poésies; je ne fais pas ma soupe d'un seul légume.
C'est aussi, à ma façon, une poésie de lutte; et là encore c'est à une certaine diversité qu'ici ce mot s'applique.

Je me vante donc de proposer une poésie risquée tant dans ses formes que dans ses fonds.
Mais, à bien réfléchir, peut-il y avoir une véritable poésie qui soit sans risque ?

Vous trouverez

POETIQUE

TRAGIQUE

COMIQUE

PARODIQUE

POLITIQUE

EROTIQUE

POETIQUE

Erato (musée du Prado)

Pourquoi je ne serai pas poète

Ils m'ont dit
Il te faut la force d'un rut !
Ils m'ont dit
Il te te faut l'endurance de la lutte.
Ils m'ont dit
Poète, prends ton luth.
Alors j'ai dit
Flute !

A mes amis poètes

Amis poètes, je vous laisse le clair de lune.
Je vous laisse la mer
Avec sa frange d'écume sur le sable des plages.
Je vous laisse le vent et l'orage,
Les oiseaux, les fleurs, les papillons...

Je préfère les voir et les entendre sur place.

J'aimerais

J'aimerais tant accompagner Villon
Dans sa recherche des dames du temps jadis.

J'aimerais tant m'embarquer avec Rimbaud
Sur son bateau ivre.

J'aimerais tant aider Verlaine
A tordre le cou à la rime.

Et j'aimerais joindre mes paroles
A celles de Prévert.

Médecine

Dites moi docteur,
Pour la fièvre créative,
Où mettons le thermomètre ?

Mini albatros

Si j'ai la tête en l'air,
C'est la faut' à Baudelair',
Et pas les pieds sur la terr',
C'est la faut' à Prévert.

Je pass' pour un nigaud,
C'est la faut' à Hugo.
Et c'est la faut' à Villon
Si on m'prend pour un …pas bon !

C'est la faut' à Mallarmé
Si je suis mal adapté
(Vous attendiez « mal armé »,
Je vous ai bien attrapés !).

Si j'suis un peu asocial,
C'est la faut' à Nerval,
Et pareil à l'albatros,
De la faut' à Desnos.

Haïku

Où un haïku ?
Voilà que je découvre
Là, un haïku !

A fond la forme ?

La forme doit-elle l'emporter sur le fond ?
Ou bien dites-moi, est-ce plutôt l'inverse ?
Y a-t-il là une très sérieuse controverse ?
A sa façon c'est sur, chaque poète répond.

Réponse vraiment célèbre : « Les deux mon Capitaine »
Il y a là, je l'affirme, une très évidente prétention,
Car à ce difficile accord, apporter une résolution,
C'est, tous nous le savons, d'une difficulté certaine.

Quant à moi j'ai tenté ce sonnet en toute liberté
Car ce beau mot je veux qu'il soit partout inscrit.
Je le dis et le redis bien haut, je le clame et l'écris.

Même si les règles je n'ai pas vraiment respectées,
Je m'attache plus au fond, bien honnêtement c'est dit,
Allez, soyez tolérants; merci de tout coeur, je vous dis !

Muzain

Comme c'est sûr d'autres le font
Ma muse très souvent s'amuse;
C'est pour me provoquer au fond
Et cela évidemment m'use.

Il s'agit bien cette fois-ci
De réaliser un muzain.
Mais maintenant je vous le dis
C'est pour moi un effort certain.
Voilà, c'est pas pour aujourd'hui !

Prétexte

Cendrillon possédait des pantoufles de verre
Au risque, c'est bien évident, de les briser
Et là, c'est toujours aussi sûr, de se blesser
Dès qu'elle marcherait rapid'ment sur la terre.

Mais d'aucuns soutiennent qu'elles étaient en vair
Pour à la mode de la fourrure céder
Et surtout pour s'accorder à cette beauté
En étant sûr de ne pas commettre d'impair.

Vous pensez, c'est certain, pourquoi un tel sonnet ?
(Accordez que j'aurais pu produire un pire)
Sachez bien que ce n'est pas pour vous faire rire.

C'est tout simplement pour ainsi vous démontrer
Qu'une forme nous dirons plutôt acceptable
Peut bien recouvrir un fond vraiment lamentable.

Ballade en vers…là, libres évidemment !

C'est ici et là, et même partout d'ailleurs,
Que sévissent des censeurs.
De la poésie, ils se proclament les maîtres,
Scrutant minutieusement rimes et mètres.
Le travail des autres, ils épluchent,
Se croyant les reines de la ruche.
Pour critiquer, tout leur est bon.
En vérité, tout pouvoir corrompt.

Le moindre défaut en lisant les irrite,
Mais, dites-moi, où est leur mérite?
De mémoire, ces deux vers de Ferré:
Ce n'est pas le rince-doigts qui fait la propreté,
Ni le baise-main la tendresse.
Lui disait cul, eux disent fesses.
L'apparence est de vivre leur principale raison.
En vérité, tout pouvoir corrompt.

Vont-ils me reprocher ce vers un petit peu anal ?
Me trouver l'esprit vraiment bancal ?
La vulgarité ne m'est pas coutumière
Et si je parle ainsi de notre derrière,
C'est pour leur appliquer en passant
Ce que Napoléon disait de Talleyrand.
Allez plus loin ne sentirait pas bon,
En vérité, tout pouvoir corrompt.

Princes, qui vous prenez pour tels,
Alors que n'êtes que communs mortels,
Oyez cette évocation, je pense de Proudhon:
En vérité, tout pouvoir corrompt.

Poésie populaire

J'aime la poésie populaire,
Le mot n'est pas désobligeant,
Elle n'est pas du tout vulgaire
Et souvent se dit en chantant.

Ce n'est pas une poésie
Choisie comme l'aurait dit Georges
Par Montaign' et la Boétie,
Elle se chante à pleine gorge.

Elle n'est pas sophistiquée,
Pas de stroph' tirées au cordeau
Et pas de vers alambiqués,
Parfois mêm' ils sont rigolos.

Si vous voulez rimer en é
Ou bien encore avec i,
Ecoutez bien Léo Ferré
Et bien sûr aussi Mouloudji.

Inutile de continuer,
Vous m'avez très bien entendu,
Il ne nous faut pas poéter
Plus haut que nous avons le cul.

Il y a des gens qui (une sorte de ballade sans rime, mais avec raison)

Il y a des gens qui
Si vous leur présenter une jolie femme
Voient immédiatement le point noir sous l'oreille gauche
Et ne voit plus que lui.
Sa radieuse beauté leur a échappé;
C'est dommage.

Il y a des gens qui
Si vous leur présenter un mignon bébé
Voit immédiatement les taches sur le bavoir
Et ne voient plus qu'elles.
Son joli sourire leur a échappé;
C'est dommage.

Il y a des gens qui
Examinent si soigneusement les arbres
Qu'ils ne voient plus les forêts.
C'est bien sûr une métaphore
Mais elle aussi va leur échapper;
C'est dommage.

Il y a des gens qui
Si vous les rencontrez, vont regarder
Vos vêtements et vos chaussures,
Demander vos âge et profession,
Mais vous, ils ne vous ont pas vu;
C'est dommage.

Prince,-c'était coutume d'écrire ainsi-
Qui tout soigneusement examiné,
Sachez que c'est LA VIE qui vous échappe;
C'est dommage.

Pantoum

J'ai atteint l'âge de vieillesse,
Cela n'est bien sûr pas un choix.
Je n'ai là aucune détresse,
De toutes les vies c'est la loi.

Ce n'est bien sûr pas un choix,
J'ai vu se faner tant de roses,
De toute les vies c'est la loi,
Ainsi finissent toutes choses.

J'ai vu se faner tant de roses;
Se flétrissent tous les visages,
Ainsi finissent toutes choses,
Quand elles arrivent à cet âge.

Se flétrissent tous les visages,
Toutes beautés vont déclinant,
Quand elles arrivent à cet âge;
Chacun va vers la fin d'un temps.

Toutes beautés vont déclinant,
Toutes les vies un jour cessent,
Chacun va vers la fin d'un temps;
J'ai atteint l'âge de vieillesse.

Mes /Tes/Nos Frontières

Elargis les frontières de ton esprit,
Ecoute, regarde, comprends, agis.

Franchis les frontières de ton corps,
Sent, touche, caresse encore et encore.

Dépasse les frontières de ton coeur,
Aime, aime dans la joie ou dans le malheur !

Arrivé à l'ultime frontière,
Dis toi bien que, derrière
Qu'importe ce qu'il y a,
Tu auras vécu tout cela.

TRAGIQUE

Tarot de Marseille

L'arcane sans chiffre

Je suis le mat, le fou,
La tête je ne sais où,
Les pieds dans la glaise,
Un chien me mord la culotte.

Je ris, je pleure, j'envie,
J'ai mes colères aussi,
Inutiles, ça je le sais,
Oh oui, je le sais bien.

Je suis le mort, le mort vivant;
Ma baluche pleine de mots se souvenant,
Il n'y a plus de place pour les rêves,
J'avance, j'avance, j'avance...

Je n’aime pas me souvenir

Je n’aime pas les souvenirs tristes
Parce qu’ils sont tristes.
Je n’aime pas les souvenirs gais
Parce qu’ils ramènent ce qui n’est plus
Et qui ne sera plus.

Autre pantoum

Je me souviens de notr’ amour.
Sans s’arrêter, les années passent,
Lentement s’écoulent les jours,
Mais la mémoire est tenace.

Sans s’arrêter, les années passent,
On pense finir par oublier
Mais la mémoire est tenace,
Il reste présent, le passé .

On pense finir par oublier;
Le futur a beau être là,
Il reste présent, le passé.
En ce temps, ma vie c’était toi.

Le futur a beau être là,
Je me cache pour sangloter,
En ce temps, ma vie c’était toi;
Pourquoi la mort t’a emportée ?

Je me cache pour sangloter,
Je ne survis qu’au jour le jour;
Pourquoi la mort t’a emportée ?
Je me souviens de notr’ amour.

La mort est une saloperie

Mettez vous bien ça dans la tête,
La mort est une saloperie .
Immanente, implacable, inévitable,
La mort est une saloperie.

Et pourtant indispensable
Parfois même souhaitable.
Mais quand elle se saisit de l'être cher,
La mort est une saloperie.

Trop personnel peut-être

Ensemble nous en avons passé des frontières,
Presque j'ose le dire sur la terre entière;
Des africaines et même bien des asiatiques,
Certaines proches d'ici, d'autres près du Pacifique.

Vers une autre l'amour nous a menés,
Trop difficile ici à bien nommer,
Quand en fin d'ascension du plaisir,
J'ai cru qu'au delà je pouvais mourir.

Jusqu'à l'ultime je t'ai accompagnée,
Plus que triste, impuissant, accablé,
J'aurais aimé, maudissant cette injustice,
Que ce soit moi qui la franchisse.

Avenir

Il m’est très dur de penser
Jusqu’à la fin de mes jours
Personne à qui dire bonsoir
Et personne à sourire le matin.

Maintenant

Depuis que j’ai perdu mon amour
La poésie m’est d’un grand secours.
Mais les grandes douleurs étant muettes,
Permettez qu’à cela je m’arrête.

COMIQUE

Jacques Callot (XVIIIè siècle) Personnages de la Comedia dell'Arte

Le rire

Le rire est mon seul moyen d'échapper
Au gouffre qui s'ouvre devant moi;
Echapper à ce chagrin où je me noie,
A cette douleur que rien ne peut ôter.

Rire pour sans cesse me répéter
Que j'ai de la vie devant moi,
Pour garder un peu de la foi
Qu'il vaut la peine encore d'exister.

Deux poids, deux mesures

Le poète comique
N'est pas pris au sérieux,
Le poète tragique
Lui, est dit talentueux.

Ce n'est pas un supplice,
Il y en a de pires,
Mais c'est une injustice
De déconsidérer le rire.

Parce que l'un ne livre point ses entrailles
Et n'ouvre pas à tous son coeur,
Moins que l'autre, il travaille ?
Et moins dur est son labeur ?

En quatre quatrains,
Pour bien l'affirmer,
Je vous le dis enfin,
Ils sont à égalité.

Mes embarras de Paris (poème à la 6.4.2)

J'avais rendez vous à Paris
Avec la femme de ma vie.
J'étais dans un hôtel au nord,
Fréquenté m'a-t-on dit
Par la très célèbre Arletty,
Tout près d'un petit port.

Dans Paris donc me voilà parti,
Moi qui suis un véritable rural
Habitué qu'aux voies vicinal'.
N'ayant point de GPS, je réfléchis:

Plusieurs itinéraires sont possible
Pour atteindre le lieu que je cible.

Si je passais par le quartier latin
Je risquais d'y perdre le mien !
Prendre par la place de la Nation
C'eut été vraiment très bête.
(Ça ne rime pas, c'est ainsi
Parce que je veux rester poli).

Passer par la place de la Bastille
Ne serait pas vraiment génial;
C'était mieux par celle de Pigal'
Où les p'tit' femmes sont gentilles.

Traverser la place Saint Sulpice
Fut pour moi un véritable supplice .

Et je ne sais par quel détour,
Je me retrouvais rue Beaubourg.
Comme j'allais place de l'Etoile,
Je décidais de me fier à la mienne
En suivant les rives de la Seine
(Plus hélas de bateaux à voile !).

Il me fallait évidement une voie rapide
Car je la pensais naturellement très fluide.
Mais d'autres avaient cette même opinion
Et nous voilà nombreux en rang d'oignons !

Ralentissements, queues de poisson…
J'étais on s'en doute plutôt grognon.

J'arrive place de la Concorde
A torrents il y pleut des cordes.
Je remonte les Champs Elysées
En risquant de m'y enliser.
Cette histoire d'eau est inventée,
C'est pour vous faire rigoler !

J'arrive enfin (pas de rime en «omphe»),
Je range ma voiture dans un parc.
Ma chérie enflammée me fait un triomphe:
«Tu as plus d'une corde à ton arc !»

Et nous partîmes avec ma compagne,
Sur le champ pour ma campagne.

Le petit grand siècle

Oui, ici je critique
Ce siècle trop classique;
En rimes plates
Moi ça m'éclate !

Je ne lis pas Sévigné,
Son courrier ne m'est pas adressé.
Racine est terre à terre
Et La Bruyère manque de caractère.

Boileau n'est pas mon ami,
Vous m'avez compris !
Bossuet me fais suer,
Je n'aime pas être sermonné.

La Fontaine n'est pas affable.
Passons à table
Avec Vatel … Mortel !
Beaucoup trop vieux est Fontenelle.

Le Nôtre n'est pas le mien,
Je parle bien sûr du jardin.
Mansard est bien trop haut
Même avec un escabeau.

Louvois ne louvoie pas,
Il marche au pas de l'oie,
Et aller de ce pas là
Ce n'est pas pour moi.

Turennes, tu règnes
Sur ceux là qui te craignent.
Déjà Ferré en son temps
Chantait « Merd' à Vauban ».

Pascal s'appelant Blaise,
Son I me met mal à l'aise.
Corneille me fait bailler.
Seul Molière j'ai épargné.

Pour bricoler un poème

On entend souvent qu'il faut vivre avec son temps;
Je me suis dis que dans ce cas là,
Je trouverai des poèmes à monter chez IKEA
Pour j'espérais pas trop d'argent.

Je suis allé au rayon des vers libres;
Ceux évidemment à prix minimes,
Car les autres avec mètres et rimes
Sont plus chers que les sans calibre.

Je me suis procuré quand même des rimes
En économisant sur la longueur des vers
Qui varie, vous le voyez, de longue à infime.
Je désirais m'acheter le modèle «A la Prévert ».

A une vendeuse, j'ai demandé :
Je ne vois ni talent, ni inspiration,
Dans ce kit que vous proposez
Et qui n'est pourtant pas d'occasion.

Très aimablement, elle m'a expliqué:
Nous ne fournissons pas ces éléments
Car vous les aviez déjà en arrivant,
C'est en vous que vous les trouverez.

Nouvel art poétique

Pour un nouvel art poétique,
On s'en doute résolument comique,
Les vers peuvent être boiteux,
Cela n'a vraiment rien d'honteux,
Et les strophes
Sont polymorphes.

Les rimes plates a a b b
Sont par les mères utilisées.
Quant aux alternées a b a b
C'est évidemment par le clergé.
Et bien sûr les embrassées
Par les amoureux sont préférées.

Dans un poème de la sorte
On met le sonnet à la porte
Avant d'entrer
Et l'on envoie la ballade se balader.

Nous avons comm' ancêtre
Et comme maître
Cet immortel vers
De Jacques Prévert
« Comme un duc de Guise qui se déguise en bec de gaz »
Que nous chevauchons, moderne Pégase,
Dans la direction où déjà Alphonse Allais.
Alors, ça vous plait ?

Bord de mer

Comme une houle la foule
nous refoule,
Pas possible de passer,
Tous sont tassés,
Ils se grillent le râble
Sur le sable,
Ils se pressent, à suer tous en nage,
Quelques-uns nagent.

Des doubles duos

Comme un duc de Guise qui se déguise en bec de gaz,
Une méduse rusée s'amuse à user une écluse.
Voilà de quelle poésie obtuse ma muse abuse
Pédalant à plein gaz comme un impatient Pégase !

Passe un pope qui place: «la pipe au papa du pape Pie pue »
Et Sacha lâche qu'en Autriche, les autruches trichent.
Nourris de riz ou de pois chiches, de ris ne sois pas chiche;
N'étant pas Eugène, jamais écrire sans gène je ne sus.

Et voilà que prospère aussi pépère une autre paire:
Sans soumettre ses colères, le maître d'école erre;
Tais-toi, triste centaure, tu t'entêtes à tort et à travers.

Ce n'est pas un pari et peut-être n'en as-tu pas ri,
Si ce faux sonnet qui sonne facile te fait ainsi souci,
Sache que dans ses vers s'en cachent deux de Prévert

Nicola Boileau (XIXè siècle) Le lutin parodique poème héroï-comique

Sans sonnet à Hautaine

Quand tu seras bien vieill', au soir à la veillée,
Là, devant ta télé, cousant ou grignotant,
Diras te rappelant ma voix, en te souv'nant :
« Mauric' m'aimait du temps que j'étais en beauté.»

Je serais sous la terr', ne laissant que des os.
Là, éternellement je prendrais mon repos.
Sur ton canapé, tu s'ras un' vieill' au déclin,
Regrettant mon amour et ton trop fier dédain.

Rossard

A la manière de ... Gaston Ouvrard

Depuis qu'à écrir' j'ai pris goût,
Je me fais un mauvais sang fou;
Je voudrais très bien poéter
Mais je ne peux pas y arriver.

J'ai l'quatrain qu'est pas bien
Le tercet mal placé
La métrique pathétique
Et les vers de travers
L'assonanc' en souffranc'
La ballad' qui s'balad'
Et les rimes trop minimes
Le sonnet maigrelet
L'fabliau qu'est pas beau
Et la fable lamentable
L'alexandrin ne vaut rien
L'acrostiche est en friche
Et mon ode plus à la mode
L'inspiration en décomposition
Le muzain qu'est pas fin
L'décasyllab' lamentab'
Et les strophes catastrophe !
L'vers impair s'fait la pair'
Le sizain est malsain
L'enjambement déprimant
La césure pas très sure
L'hémistich' bien trop chich'
Le quintil très fragil'
Le diptyque anémique
Le pantoum badaboum !
L'haïku vaut pas l'coup
La versification en réduction
De tous les mètr' j'suis plus maîtr'
Et ma muse elle s'use.

Ah mon dieu mon dieu
Qu'c'est embêtant
De n'pas pouvoir poéter
Ah mon dieu mon dieu
Plus haut que j'ai l'talent.

Ballade des faux proverbes (très lointainement inspirée de Villon !)

Cruch' à l'eau toujours se brise
A bon vin tel qui se grise.
Qui veut au loin déménager
Sa voiture doit ménager.
A très bon chat, très peu de rats.
Celui qui veut noyer son chat
Trouv' aisément un bon moyen.
Qui trop embrase, mal éteint.

Rien ne sert de bien partir,
Il faut surtout bien revenir.
Les bons voleurs se défoncent
Quand les bons gendarmes pioncent .
Quand les gros chats ne sont pas là,
Les p'tit' souris passent par là.
Qui ne fait rien, le fait bien.
Qui trop embrase, mal éteint.

Petit poisson deviendra grand
Pourvu qu'pêcheur lui laiss' le temps.
Vache qui rit le vendredi
Va le dimanch' dans la prairie.
Qui va à la chass' la tire.
Il vaut mieux parfois en rire
Que sourire comm' un crétin.
Qui trop embrase, mal éteint.

Les p'tits ruisseaux font c'qu'ils peuvent,
Les rivièr' en sont la preuve.
Apprenez que tous les flotteurs
Ont dans l'eau la même valeur.
Une poésie sans humour
C'est un buffet sans petits fours.
A beau mentir qui ne dit rien.
Qui trop embrase, mal éteint.

Prince, à tout cheval donné
Ne regarde pas trop les pieds,
Non plus la couleur du crottin.
Qui trop embrase, mal éteint.

Ballade des belles de naguère

(encore inspirée et avec respect de Villon)

Où est donc Sophia Loren,
Elle, ne pas se fier à ce mot,
Qui ne venait point de Lorraine,
Brigida aux si beaux lolos,
Toutes les deux des italiennes
Se distinguant vraiment du lot;
Et oui, c'était après la guerre,
Où sont les belles de naguère?

Et la fière Dietrich Marlène
Et bien sûr Brigitte Bardot
Ces deux superbes souveraines
Au si séduisants bas du dos.
Joséphine Baker en scène
Et Mistinguett' au casino,
Là, c'était bien avant la guerre,
Où sont les belles de naguère ?

Mais aussi la jolie Mylène
On le sait nommée Demangeot,
Mireille Darc grâce certaine
Au corps très mince mais si beau.
Et partout de beauté les reines
De Biarritz ou de Concarneau,
Gloires vraiment très éphémères,
Où sont les belles de naguère ?

Prince, ce sera notre lot,
Certaines déjà sont sous terre.
Je le redis en mêmes mots:
Où sont les belles de naguère ?

POLITIQUE

Tamisier (XIXè siècle) L'assemblée en représentation

Rêves évanouis

Ô combien de marins, de capitaines
Sont partis se faire trouer la paillasse
En des contrées plus ou moins lointaines.
Certains, mus et portés par un rêve tenace,
Pensaient fermement que c'était ainsi
Qu'ils pourraient enfin voir du pays.
D'autres, embarqués vers la vingtaine,
Auraient préféré un autre genre de fredaines !

Après eux, grands imams ou petits ministres
S'imposent, implacables bourreaux sinistres,
Privant les peuples de cette belle liberté
Pour laquelle leurs ainés s'étaient dressés;
Insoutenable changement d'oppresseur,
Il est maintenant, inflexible, à l'intérieur.
Et pourtant, très proche ou loin d'ici,
Le rêve de liberté partout est poursuivi.

Avec un F

Combien de frontières encore à franchir
Pour enfin partout vous affranchir ?

Frontière de la famille
Là où les gosses fourmillent,
Frontière des moeurs barbares,
Frontière des vies sans espoir.

Là, plus puissants que des miradors
Ces hommes qui disposent de vos corps.
Ailleurs, plus durs que des barbelés
Vos robes au visage grillagé.

Ici, les plus bas salaires
Et les traitements de misère.
Partout la double journée,
Partout le règne de l'inégalité.

Ô oui, combien de frontières encore à franchir
Pour toujours en ce monde vous affranchir ?
Et avec vous je crie de toute mon âme:
Plus jamais de frontière avec un F comme Femmes !

FEMMES

Je vous salue Femmes afghanes,
Je vous salue Femmes d'Iran,
Femmes de tous les continents,
Avec ou sans voile dressées contre les tyrans.
Je vous acclame Femmes debout.

Du Pakistan au Congo,
De l'Inde è la Somalie,
De l'excision de là au porno d'ici,
Votre route mondialement s'inscrit.
Je vous acclame Femmes en marche.

Contre ceux qui partout
S'assurant de leur prise
Par menace ou par surprise
Violent tout à leur guise,
Je vous admire Femmes en colère.

Contre ceux ô combien lâches
La bite à la main et le poing dressé,
Et ceux au nom de leur chapelet
Prônant une soi disante infériorité,
Je vous admire Femmes en lutte.

J'écris votre nom en majuscules
FEMMES

Les Loups 2023 (d'après, et en m'excusant, Serge Reggiani)

Des hommes ont perdu le goût
De vivre, et se foutent de tout
Leurs mères, leurs frangins, leurs nanas
Pour eux, c'est qu'du cinéma
Le ciel tout pollué devient sauvage
Le béton bouffe l'paysage, dès lors
Que des loups, ouh-ouh, ouh-ouuh
Des loups possèdent le pays

Ils gagnent de l'or en vendant l'essence
Et détiennent les richesses de la France
Tu ne ris plus, charmante Elvire
Des loups ouh-ouh, ouh-ouh
Des loups possèdent le pays

Eux sans vergogne font ripaille
Quand d'autres perdent leur travail
Tu as cette peur, charmante Elvire
Des loups, ouh-ouh, ouh-ouuh
Des loups possèdent le pays

Et v'là qu'il se fait un rude hiver
Cent congestions en fait divers
Volets clos, on claque des dents
Mais pas dans les beaux arrondissements
Et certains dorment dehors le soir
Affrontant la neige des boulevards, car
Des loups, ouh-ouh, ouh-ouuh
Des loups possèdent le pays

Avec le haut coût de l'énergie
Ils font de super profits
Tu ne souris plus, charmante Elvire
Des loups, ouh-ouh, ouh-ouuh
Des loups possèdent le pays

Pour beaucoup c'est carême permanent
Mais eux ils font gras à leurs enfants
Ils gouvernent les ministères
Et tous les gardiens des fourrières, alors
Des loups ouh-ouh, ouh-ouuh
Des loups gouvernent le pays
Soit à Paris, soit à Bercy
Des loups gouvernent le pays

\- - - - - - - - - - - -

Feront carouss', liesse et bombance
Dans ce foutu pays de France
Jusqu'à c'que les hommes aient retrouvé
L'amour et la fraternité, alors
Les loups ouh-ouh, ouh-ouuh
Les loups seront sortis du pays

Plus à Paris, plus à Bercy
Les loups seront sortis du pays
Tu pourras rire, charmante Elvire
Les loups seront sortis de nos vies

Anarchie (ballade en vers libres évidemment !)

L'anarchie n'est pas ce que vous croyez,
Elle n'est pas ce qu'on vous a raconté.
Si certains en ont fait une violence,
C'est souvent par trop de souffrances.
Bien loin d'être synonyme de désordre,
C'est la forme suprême de l'ordre.
L'anarchie ne peut pas être terreur,
Elle porte un beau rêve de bonheur.

Ce n'est pas non plus une utopie,
Pas une asymptote tangent' à l'infini.
Toujours du côté des exploités,
Toujours du côté des opprimés,
Ne craignez point cette colère,
Pour tous elle est libertaire.
C'est sans attendre à demain,
Prendre son destin à pleines mains.

L'anarchie, c'est bien sûr la liberté
Où chacun par l'autre est respecté.
Chacun est responsable de ce qu'il pense,
De la tolérance et jamais d'offense.
Plus de la guerre ses crimes et ses horreurs,
De nous mêmes nous serons les libérateurs.
Pour les luttes, une sorte de boite à outils,
Et pour moi, je le dis, une philosophie.

Princes, vous qui nous gouvernez,
Avant que vous soyez chassés,
Ecoutez cette formule, de Proudhon
Il me semble: «Tout pouvoir corrompt»

Poésie militante ?

Une poésie militante
Cela vraiment me tente.
Je me tourne vers Prévert
Et sa liberté dans les vers.

Continuez dans la poésie
Ceux qu'aujourd'hui on oublie;
Je pense aux quarante huitards
Et bien sûr aussi aux communards,
Tous ceux mis maintenant au rancart
Soigneusement cachés dans un placard.

Se ranger sans hésiter à côté des exploités,
Ceux dont Prévert disait que dans des caves enfermés,
Ils fabriquent à bas salaire des stylos pour ceux
Qui dans leurs bureaux très bien aérés
Ecrivent que tout va pour le mieux;
Eux du côté manche placés,
Un jour il faudra les virer.
A nous de décider !

EROTIQUE

Bagarry André (XVIIIè siècle) Florilège des conteurs galants

Brève rencontre érotique et mathématique

A l'hôtel c'est démarré
Dans un lit fait au carré.
C'était une inconnue;
Quand elle s'est mise nue,
J'ai vu qu'ell' avait la ligne,
Cette très jolie maligne.

Avec ses courb' asymptot'
J'ai joué à la pelot'.
Bien sûr à un certain point
Je me suis perdu enfin
Dans le triangle des Bermudes
De cette femme peu prude.

Les sept merveilles du monde

Il y a d'abord ton cou lisse et droit,
Bien plus souple et plus doux
Que le phare d'Alexandrie.

Tu m'offres tes jardins suspendus
Et j'effleure de mes lèvres leurs deux boutons de rose;
Pourquoi irais-je jusqu'à Babylone ?

Je n'irais pas non plus à Khéops,
M'égratigner la vue sur des arrêtes même pyramidales,
Tes rondeurs sont à portée de ma main.

Se reposer dans le mausolée d'Halicarnasse ?
Quelle drôle d'idée !
J'ai ton ventre comme oreiller.

Il fallait, dit-on, pour entrer dans le port de Rhodes,
Passer entre les jambes d'un colosse;
Je préfère glisser entre tes cuisses

Pour atteindre ton temple d'Artémis
Si doux, si tendre, si secret,
Et l'adorer couché ou à genoux.

Là se cache et parfois se dresse
Sa très minuscule statuette,
Si fragile, mais capable d'un tonnerre de Zeus !

Les sept péchés capitaux

Hypocrites, tartuffes, pudibonds,
Ne lisez point ces quelques vers,
Vous allez céder à la colère
Et pour vous ce n'est pas bon.

Des péchés, il faut que je te dise,
Le premier, c'est la gourmandise.
Je suis très gourmand de toi
Et je pense que tu l'es de moi.

Nous ne sommes ni toi ni moi
Avares de baisers et de caresses,
Sur les seins, le dos, les fesses…
Et même en un certain endroit.

Tes seins se dressant avec orgueil,
Comment ne pas céder à la luxure !
Sans tabou, nous restons pourtant purs:
Avec l'amour, plus de péché ni d'écueil.

Je vais te dire ce que je t'envie;
C'est ta jouissance qui souvent dure,
Alors que la mienne, même sûre,
S'achève vite comme la pluie.

Et bien sûr après, c'est la paresse.
L'un contre l'autre, rien ne presse.
Je n'ai plus de force c'est certain,
Excepté pour achever ce quatrain !

Question

Quel poète saura dire le doux bruit
Que fait d'une femme le gentil pipi ?

Préférences

Pendant bien des millénaires
Nous avons fait l'amour par derrière.
C'est pourquoi les missionnaires
Nous disent « C'est retour en arrière ».

Et pourtant quand mon vit se glisse
Par à coups entre tes tendres cuisses,
Je peux doucement faire rimer mes mains
Avec la pointe et le globe de tes seins.

Il est vrai que je préfère par derrière,
Mais je ne suis point, crois le, sectaire.
Si tu viens pleine de fougue à me chevaucher,
Tu peux être sûre que je vais t'apprécier !

Quartrain

Quand je vois une paire de fesses
Je suis plein d'allégresse.
Quand je vois un trou du cul
Je suis tout ému.

Ode au trou du cul

Quel sort injuste te fait mépriser !
Tu es bien nécessaire pour déféquer;
Mais il faut autrement te regarder,
Dans ta belle et sublime simplicité.

Tu apparais entre les fesses écartées,
Sans bien sûr aucun voile,
Et je peux mélodieusement te chanter:
Ô radieuse étoile, douce étoile…

Quand en une certaine position
Une femme s'offr' à son compagnon,
Quel homme n'a pas un instant hésité
Entre les deux accueils présentés ?

Il faut c'est sûr un ordre établir,
Moi je le dis sans rougir,
Entre ces deux complices,
Celui du dessus fait mon délice.

Résolution

Il ne faut pas dit-on poèter
Plus haut qu'on a le Q.I.
J'espère que vous avez souri
Car il est temps de m'arrêter.

Printed by Books on Demand GmbH, Norderstedt / Germany